화포, 아직도 못한 말들이 있다

사진 신상문 · 글 정홍윤

어떤 삶도 기록하지 않기

순천만이나 와온처럼 알려진 곳은 아니지만
화포의 풍경은 여행자의 발길을 사로잡기에 충분하다.

바다를 배경으로 사는 사람들 삶과 마주치는 바다는 하나의 일상으로 다가선다.
그래서 화포의 풍경은 인간적이다.
교통이 불편하고 여행자를 위한 시설이 부족한 화포를 여행하는 것은 쉽지 않다.
그래서 더 특별한 여행일지도 모른다. 눈앞에 펼쳐지는 화포의 모습에 넋을 잃을 수 있으니 조심해야 한다.

일몰과 일출을 같이 볼 수 있는 곳,
화포의 바다는 그래서 아침, 저녁으로 꽃을 품고 있다. 갯벌에, 선착장에, 전망대에.
당신이 옮기는 발걸음 어느 곳에서나
화포는 여행자에게 한덩이 붉은 꽃을 던져줄지 모른다.

하루의 시작은 언제나 같았다.
해가 지기 전 그물을 손질하고 해가 뜨기 전 바다로 나가는 그들은
화포의 꽃을 볼 수가 없었다.
가끔은 막걸리 한잔에 그 힘겨움을 달래 보지만 여전히 삶은 신산하다.

삶이 고요한 적이 있었는지 오늘은 이 길을 걸으며 생각해 본다.
모든 살림살이가 그렇듯 뻔한 삶이다.
그래도 오늘은 희망이 있으려나 발걸음을 옮겨 보지만
여전히 힘에 부친다. 발목을 잡는 갯벌이나 내 생을 붙잡은 삶이 별반 다를 게 없다.
물이 들어오고 다시 나가고
그래, 삶이란 그런 것이다. 부지런히 움직여야지 하루가 얼마 남지 않았는데.
오늘은 바람 한 점 없는 날씨구나.
아직도 채울 게 남아 하루를 붙잡는구나.
허망하다.

뱃머리에 앉아 노 젓는 당신을 바라보는 바다는 여전히 푸르고 변함이 없는데

'참 오랜 세월을 견뎌 왔네요.
 바다같이 깊은 당신의 삶이 가슴 아리지만 그래도
 여전히 노 젓는 당신의 모습은 날 설레게 하네요.'

삶이 바다를 가르다.

익숙해지기를 간절하게 바라도
참 철없이 견뎌온 시간들이 있습니다.

바람에 엉클어진 마음을 펴려 하지만
여전히 삶은 녹록치 않습니다.

또 바람이 불겠지요.
더딘 손은 언제 끝날까요.
그래도 조금은 풀려서 다행입니다.
바람과 비가 함께 찾아오는 내일은 쉴 수 있었음 좋겠습니다.

삶의 무늬를 그려봅니다.
깁고, 자르고, 풀고
이토록 정성들인 삶이 있었나요.
한 생애가 바다로 내려 앉았습니다.

여전히 시간은 지나고
너무도 많은 일들이 있었던 하루가 지납니다.
이렇게 또 하루가 지나면
남은 생이 그물을 당깁니다.

뭐라도 해야 해.

이 시간을 견디기 위해선

모든 사고를 정지시키고 오직 하나의 촉수만 움직여야 해.

그러지 않음 견딜 수가 없어.

이 시간을 견뎌야만 해.

그러다보면 소식이 오겠지.

그래서 뭐라도 해야 해.

그는 말이 없었다.
무표정의 순간이 전부였다.
어떤 질문을 던져도 돌아오는 건
옅은 숨 하나였다.
세상은 알지 못하는 일 천지였다.
의심의 눈초리로 바라보는 일들이
한순간도 놓치지 않고 찾아왔다.

여전히 알 수 없는 일들이
주변을 죽음처럼 맴돌고 있었다.
숨 한번 멈추고
터널같은 삶을 지나
비로소 그에게 갈 수 있었다.

이미
그가 없었다.

기다림

기다림

.

.

.

그리고 또 기다림

끝을 알 수 없어

다시 기다림

여전히 시간은 흐르고

턱 막히는 숨소리에

다시

기다림

이 말라 타 들어가는
시간의 기억에서 단 하루도 당신을 지울 수 없다.

어쩌면 그대가 올지도 모르겠습니다.

떨어지는 시간에
바다는 여전히 아프고
눈물겨운 하루가 넘어갑니다.

하루가 지난다는 건
멀리서 오는 소식으로부터
전해집니다.
애써 기다린 것이 다시 기다림으로 시작되고
새벽녘 잠들 수 없게 만들어
툭 떨어지는 울음에 무너집니다.

한순간 사라질 그리움이 아니어서 좋았습니다. 함께 한다는 것 그 행복함이
온 하루를 물들이고 돌아서는 애틋함도 잊게 했습니다. 곁에 있다는 이유만으로
모든 게 사라졌습니다. 여전히 자리에 있음에도 순간 사라져 버릴까 봐
다시 확인을 했습니다. 그래도 불어오는 바람에 혹 멀어지지 않을까 손을 놓지 못하고
이렇게 꼭 붙들고 있습니다.

가슴에 깊이 사선을 긋습니다.

깊지 않은 상처에 피가 맺힙니다.

피는 흐르지 않고 그 자리에 매달려 기다립니다.

견딜 수 없는 고통은 기분 나쁘게 찾아옵니다.

쓰라림이 온몸에 서서히 스며듭니다.

시간은 흐릅니다.

여전히 아무렇지 않게 그 자리에 서 있습니다.

문득

아주 오래전 흉터를 바라봅니다.

기억으로 희미한 흔적이 여전히 남아있습니다.

바다와 길

그 사이에서 대치중입니다.

너는 거기에 있고 나는 여기에, 왜냐하면

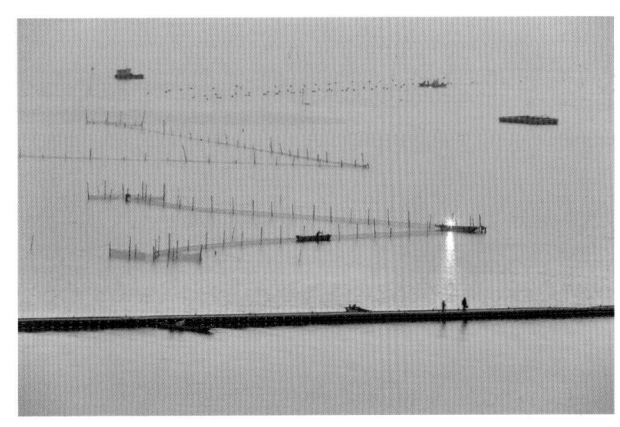

늘 엇갈린 삶이 있다.
길 위에서 서로를 마주 보는, 그러나 다른

기다림이 길어지네요.
언제쯤 끝날까 숨을 멈추고 숫자를 세어 봅니다.
여전히 그대로입니다.

툭
떨어지는 한 마디가 숨을 멎게 만듭니다.

아주 환하게
오지 않을 거라는 말.

바다 위

점

하나

끝없는 심연으로 질주

한순간

뒤돌아

다시 되돌아 오는

무한반복의 순간들

켜켜히 둘러싸인 벼랑 끝 잔상

한순간

바람으로 쏟아지는

빛보다 더 출렁이는 윤슬

그

안에 갇힌 시간

바람은 그런 것이었다.

마음 하나 움직이지 못하고
깊숙이 후벼파는 상처를 따라
끝내
자살하는
더 이상 갈 곳이 없는,

바다는 언제나 푸르렀다.
상처 하나 내지 못하고
오롯이 머물러
기억조차 침몰하는

그 바다에 바람이 불고 있다.
그 끝에서 웅크린 마음 하나
절벽으로 미끄러진다.

바다가 말을 겁니다.
오늘은 어땠냐고
내가 망설이다 답을 합니다.
어제보다 더 슬픈 날이라고

슬픔의 깊이를 잴 수 있었으면 좋겠습니다.
깊이만큼 메울 수 있으니까요.
생각은 끝없이 파고들고

깊이를 알 수 없는 그대가
말을 겁니다.
이제 그만 하라고
알 수 없는 말들이 흩어지는 동안
잠시
생각해 봅니다.

여기는 어디죠?

먹먹함이 오다가 길을 잃고 헛헛함으로 밀려 들면
내 곁을 떠난 사람은 그렁한 눈물로
길을 헤매 어딘지도 모르는 걸음을 옮깁니다.
끝이 아닌 끝을 물어보아도 여전히 알 수 없어
시작을 알지 못합니다.

가까스로 다가간 화포의 저녁 하늘에
초승달만 덩그러니 걸려 있습니다.

당신의 편지를 잘 받았습니다.
당신의 삶과 그곳의 풍경들이
툭 하고 떨어집니다.

오늘도
여전히
잘 지낸다는 말은 생략되었습니다.

말이 날려서 닿지 못하고
생각은 풍화되어
잊혀지는 게 아쉬워 바람으로 스치는
날들이 서럽다.

한 웅큼 쥐어 든 시간이
스스륵 빠져 나가면
발 밑으로 불이 들어온다.

억장이 무너진다.
서럽게 쌓인다.
투둑
금 가는 너는 누구신지

바다에 생각을 가두고 기다립니다.
성긴 그물 사이로 빠져 나가는 시간은
당신의 몫입니다.

그리움이 먼 발치에서 서성입니다.

갈 길은 먼데
갇힌 생각은 여전히 바다를 향해 묵묵부답입니다.

어느날 바닷가를 걸었습니다.
달라진 건 아무것도 없었습니다.
단 찬란하게 억새가 바람에 흔들릴 뿐
그 풍경이 낯설고 죽도록 미웠습니다.

길을 걸으며 풍경 속 사라진 그대를 생각했습니다.
여전히 풍경은 아름다웠습니다.

해가 지고 바람이 불고
한없이 흔들리는 마음을 견딜 수가 없었습니다.

비는 내리고
바람은 불고
눈앞은 캄캄해도
파고드는 찬란했던 소리

그날 새벽이 그랬지
더 이상의 생각은 무리고
달아난 잠마저 고맙게 느껴지는

애써 잠재웠던 생각들이
미쳐 날뛰는 날들이 있다.
깊게 웅숭그려놓은 시간이 허우적대
한없이 초라해지고
풍경마저 서글퍼 슬픔을 담지 못한다.

저녁내 웅웅거리는 환풍기에
머리를 들이밀고 용서를 구해보지만
여전히 민낯을 드러내는 얼굴이 외면하는 밤
'심장이 멈춘다'
고 써 보지만 도대체 무슨 의미란 말인가.

너를 기다리기로 했다.
황망히 떠나오지 못하는 날들이 길어질수록
굳어가는 혀와 심장은 발톱을 드러내
상처 난 날들이 머리를 휘어잡고 흔들어대지만
'결국 너에겐 갈 수 없었다'는 문장으로 끝을 맺는다.

또 하루가 이렇게 저물어 가고
오늘이 언제였는지 알 수가 없네.
참 바쁘게 살아온 시간이었어.
어느새 여기까지 온 삶인데 갈 길이 아직도 머네.
바다는 참 무심하지.
그래도 다행이야 네가 있어서
오늘은 돌아가는 길에 뱃노래 한자락이라도 불러 볼까.
"여기가 어디냐 숨은 바위다 숨은 바위에 배 다칠라
 배 다치면 큰일난다. 아따 아들아 염려마라.
 어기야 어기야 어기어차 뱃놀이 가잔다"

흔들리는 시선 사이로
들어오는 흐릿한 풍경들.... 그래도 바다는 잔잔하다.

그리움이 말라 타들어가는 길이 있다.

그대가 떠나는 길이 그랬고
그대가 오는 길이 그랬다.
뒤 한번 돌아보지 않고
뛰어오는 걸음과 뛰는 심장이 그랬다.

길을 만드는 물결을 따라 허위허위 걸어가는
발들이 가슴을 짓밟고
컥컥대는 말들이 그 위에 깔려

주저앉은 생각들이 사랑을 부른다.

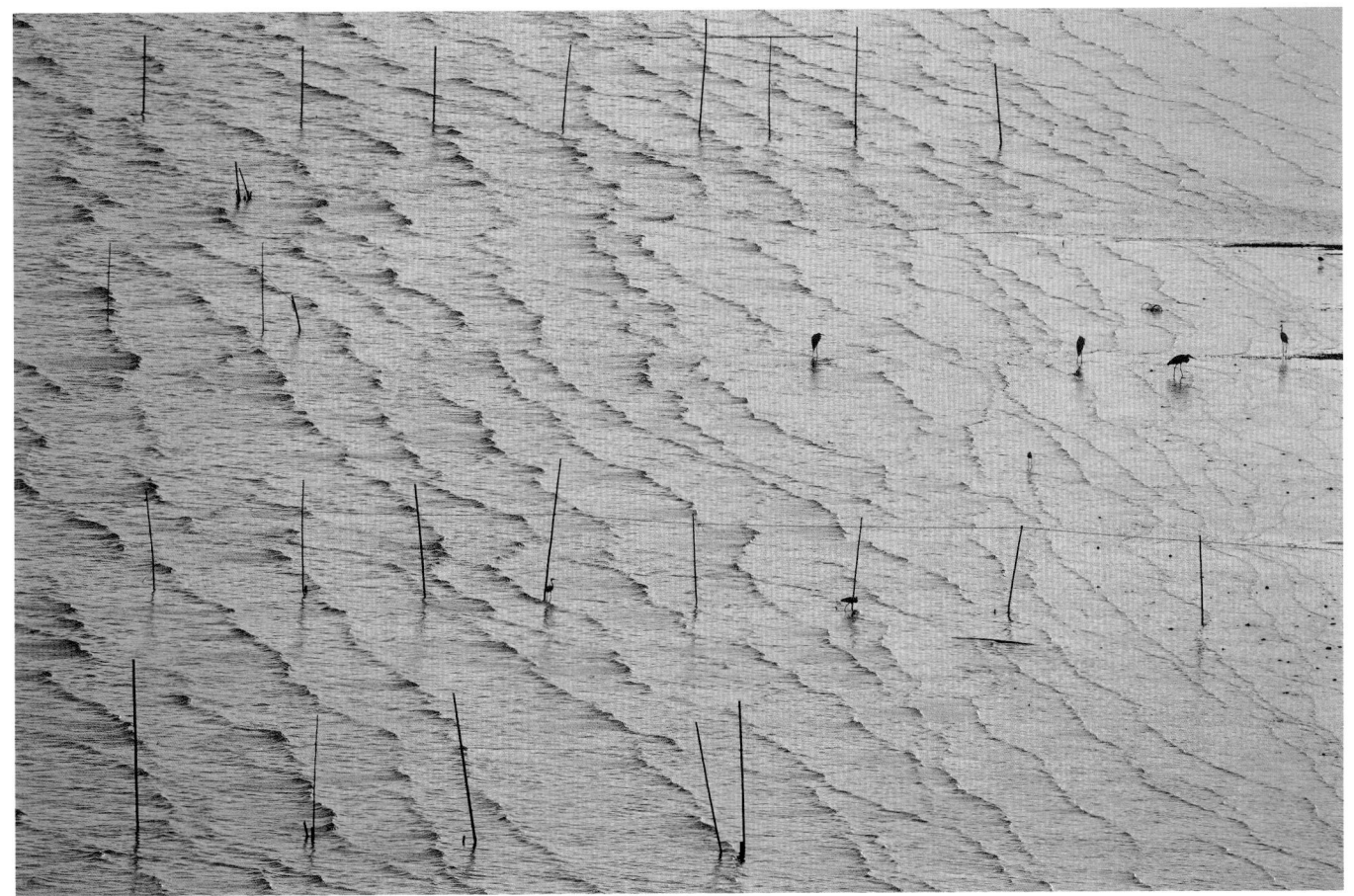

어쩌면 이 긴 기다림이 나를 지탱해 줄지 모른다는 생각을 한다.
처절하게 견디는 시간들이 비록 보이지 않아도 다시 시작되는
그리움의 감정들이 나를 각성시키는 시간, 여전히 막연한 기다림의 시간을 견딘다.

한 생애의 삶이 멈추고 다시 오는 한 생애의 삶은 어쩌면 기다림의 연속이 될 것이다.
나쁜 시간이 서 있는 틈을 돌아 되돌아 온 것은 기다림을 끝내자는 것이 아니라
다시 시작하자는 무언의 신호이다. 애써 멈추지 않아도 흐르는 시간만큼 기다릴 것이고
그 자리에 홀연 듯 서 있을 테니까.

여전히 기다림은 현재 진행형이다. 그리고 나의 기다림은 유효하다.
그게 심장 한 켠을 두드리는 신호일테니.

끝을 알 수 없는 막막함을 건디기 위해
뭐라도 해야 해.
길이 끝날 것 같지 않은 두려움
그게 힘들 수 있어 어쩌면 다행이야.

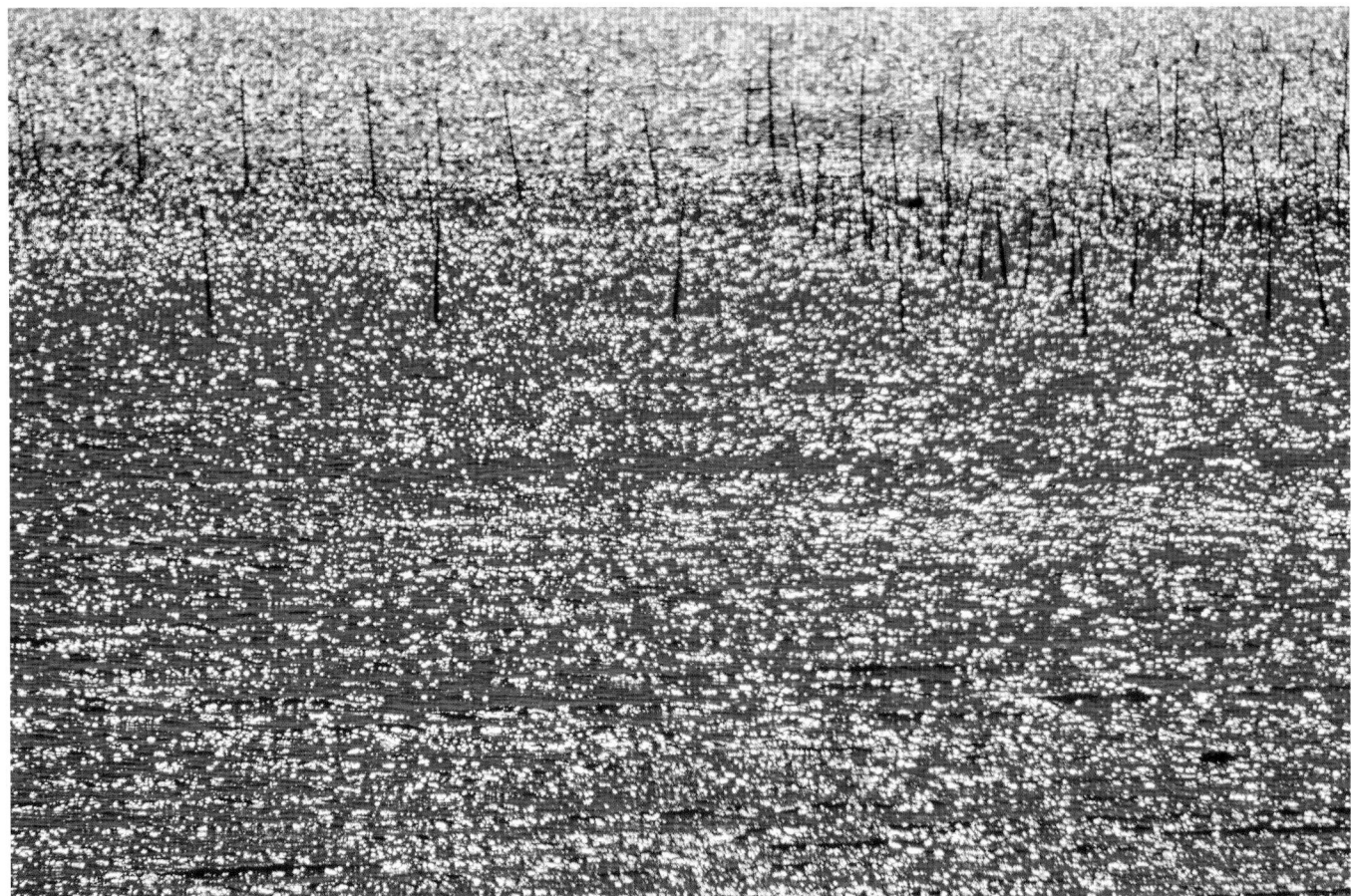

오늘
바람보다 먼저
잘 지낸다는 소식이
멀리서부터 전해졌습니다.
잠시
접어둔 생각을 뒤로 하고
오늘은 그대에게
긴 소식을 전합니다.

그 소식의 첫 마디는
그립다는 말이 아닌
참 행복하다는 말로 시작합니다.
그리움의 다른 말이란 걸
눈치챘다 해도
못 이긴 척 툭 던져 봅니다.

발끝에 떨어지는 단어의 부스러기들이
몸을 타고 유영합니다.
손끝을 타고 그대에게 가는 말들은
여전히 그립고 보고 싶다는 말이 아닌
행복하다는 이중언어입니다.

찬란하거나 슬픈 풍경처럼.

오늘 하루가 어떻게 지나갔는지 모르겠습니다. 하루 종일 신열에 들떠 지낸 것 같습니다.
이 깊어지는 그리움을 어찌해야 할지 알 수 없습니다.

돌아오는 길은 한없이 멀게만 느껴집니다. 그래도 노을이 있어 다행입니다.
산 그림자 발밑에 내려앉고 그대와 함께 한 시간이 먹빛처럼 깊었음 좋겠단 생각을 했습니다.
바다는 그대로인데 시간은 한없이 흘러갑니다.

바람결에 당신의 숨소리가 들려옵니다. 또 하루가 사라지는 이곳의 시간은 여전히
바다에 목매입니다. 기다림이 더 이상 설레지 않는 하루의 그 어디쯤 나를 내려놓습니다.

갑자기 마음속 줄 하나 툭 끊어지고
온몸의 균형을 잡지 못하고 어쩌지도 못하고
그냥 그대로 있을 뿐, 아무것도 할 수가 없다.
시간이 꿈으로 지날까 봐 애틋함으로 애써 감춰보지만
여전히 이곳이 낯설다.

한 걸음 옮겨 보아도
뒤돌아 다시 뒤돌아도 풍경이 나를 묶어둘 뿐
제대로 견디지 못한 시간들이
물 밑에 깔리면, 다시 물이 나가고 들어 오겠지.

견딤이 단단해지면 먹빛 산들이
바다에 잠기고 발아래 그림자가 서럽다.

한순간의 정적
그리고 슬픔
오래도록 각인된 눈물
사라지는 기억들.

풍경은 멈추고
그 안에서 다시 날아 오르다.

여전히
바다는 힘겹다 이 촘촘한 그리움 때문에.

오후 한 시가 되면 우리는 모두 날개를 달고 하늘로 날아 오른다.
깃을 치는 소리에 세상은 온통 핏빛으로 멍들고 우두커니 서 있는
망상들 사이를 지나 너와 나의 거리에 비례하는 그리움에 몸을 떤다.

불안의 정석이다.

세상은 온통 처절하게 움직이고 가둘 수 없는 시간에 불을 지펴
사랑을 태우지만 여전히 너는 부재중이다.

풍경이 닮아
한 소년의 아픔을 이야기하지 않으려 했습니다.

오늘의 풍경은
소년의 아픔을 이야기할 수밖에 없습니다.

오늘은 만남이 떠남을 대신합니다.
내일은 떠남이 만남을 대신하겠지요.

내 사랑이 당신에게 말을 걸어요.

당신은 어디쯤 있나요.
내게 오고 있나요.
혹 그 길이 힘들지 않나요.

그리움이 때론 답하지만
그래도 여전히 그리운 건 왜일까요.

흔적이 흔적을 만들고
다시 되돌아
철 지난 그리움이 우르르 쏟아져
젖는지 모른 채 보낸 하루가
창밖에 우두커니 서 있다.

바람에 부대끼는 몸뚱아리들이
직선으로 몸을 던져 저항하지만
흔적도 없이 사라지는
그 흔적을 찾다 하루가 다 갔다.

직선으로만 가라.
흔들림없이
잠시 쉬어도 좋지만
여전히 움직임은 더디다.

꺽임이 몸을 틀지 못해
위태로워도
모든 잘못은 신에게 있다.
애초 너를 꽂은 손도 신이 만들었으니.

아주 잠깐
머뭇거림이 시간을 되돌리지만
여전히 존재하지 않는 곡선은 부재하는 그리움.

그리움마저 독이 되는 시간
침묵으로 어둠을 삼키고
혼자서 울음 우는
이 먹먹한 그리움을 어찌할까요.

풍경이 무슨 소용이겠어요.

바다로 흘러드는 풍경만큼이나 구슬픈
화포의 저녁이 한세상을 다하고 있다.

그건 아마 바다에 속삭이는 말

어떤 삶도 기록하지 않기,

너는 거기에 있고 나는 여기에,

왜냐하면 그건 아마 바다에 속삭이는 말.

끝을 알 수 없는 기다림은
미움으로 자라나
겨우 아문 상처에 다시
생채기를 내고

아무렇지 않은 듯 지나간다.

다시
편두통이 시작되었다.

내 생애
이토록 그리워하는 사람이
나타날 줄 몰랐습니다.
그대의 삶이
풍경이 되어 내게 들어와
노을이 되고 바다가 되었습니다.

풍경이 다시 풍경이 되고
서로의 삶이 겹쳐
함께여서 행복했습니다.

노을빛이 바다에 몸을 던집니다.

너의 시선이 나를 보지 않는다는 사실을 알았을 때
너의 등 뒤로 해가 지고 있었어. 서로 손 잡고 걸어가는 이 길이
우리의 시선처럼 어쩌면 영원히 평행선으로 달릴 거라는 생각을 했어.
해가 지고 바람이 불고 약간의 쌀쌀함이 더해지면
다정함이 조금은 위로가 되겠지.

언제였지. 함께 걷기 시작한 지가, 해가 질 때였나?

그래서 노을 진 하늘과 이별은 슬픈지 몰라.

오늘 하루
그대가 있는 곳의 하늘은 어땠나요.
약간의 바람과 구름
그리고 기분 좋은 햇살 한 줌 내렸나요.

내게 보낸 그대의 따뜻함이
바람으로 전해져 내 곁을 맴도네요.

그대가 있는 곳의 바람과 햇살이
내가 있는 곳의 바람과 햇살이
서로 어울려
오늘 하루 서로의 곁을 맴돌아 노을로 내리는
이 곳,
화포의 풍경을 보냅니다.

해 지는 바다에 갔습니다.

노을은 그저 그랬습니다.

노을에 빠진 바다가 붉은 꽃등으로 피어오르니
당신이 살다 간 이 생이 그리웠습니다.

잠시 곁에 둔 생이 부러 딴청을 피워보지만
여전히 살아있음이 보채는 저녁나절

발밑에 잔돌들이 까탈스럽게 굽니다.

어쩌면 여기가 마지막인지도 모르겠습니다.
노을과 바다에 담그는 이 생이

늙은 폐항에 불이 들어옵니다.

어제를 보내고 오늘을 받았습니다.
여전히 시간은 오리무중으로 생을 마감합니다.
올망졸망한 삶들이 부대끼고 부대끼어
헤어짐도 잠시
밀려오는 서러움을 툭 밀쳐 봅니다.

그녀가 없습니다.
그도 없습니다.
단지
떨어지는, 노을 파편에
바다는 여전히 아프고

눈물겨운 하루가 넘어갑니다.

그리움이 먼 발치에서 서성인다.

어쩌지 못해 안달이다.

꽃잎은 한올 한올 떨어지고

갈 길이 먼데.

수없이 가로지른 생채기가 아물지 못한 채 생을 마감하는 저녁
그래도 빛이 있어 다행이다.
그어놓은 사선들이
묵묵히 할 일을 다하는 때
약간의 그리움과 허전함에 서서히 잠기면

노을빛 저녁은
산 뒤로 숨는다.

흐린 날씨에 내리는 어둠
그리고 내 몸을 감싸는 습도
어느 것 하나도 유쾌할 게 없는 하루
가끔 바람이라도 불어주면 좋을 텐데
오늘은 그마저도 허락하지 않는다.

이 길이 끝날쯤
그대가 있었으면 좋겠다.
환하게 웃는.

화포, 아직도 못한 말들이 있다.

초판 발행	2023. 8. 31.
2판 인쇄	2024. 1. 1.
지은이	사진 신상문
	글 정홍윤
펴낸이	조태양
편집	정홍윤
펴낸곳	독립출판서성이다
출판등록	2019년 1월 28일 제 2019-000002호
주소	전남 순천시 금곡길 15
전화	061-751-1237

※ 이 책의 무단 복제와 전재를 금합니다.